그림으로 읽는
제2차 세계대전
12

연합군의 승리와
추축국의 패망

第二次世界大战史连环画库 31, 32, 33

Copyright ⓒ 中国美术出版总社连环画出版社, 2015; 绘画: 陈玉先 等
Korean translation copyright ⓒ Korean Studies Information Co., Ltd., 2016
Korean translation rights of 《History of World War II》 (33 Books Set)
arranged with China Fine Arts Publishing Group_Picture-Story Publishing House directly.

그림으로 읽는
제2차 세계대전 ⑫

초판인쇄 2016년 10월 10일
초판발행 2016년 10월 10일

글 자오샤오훙趙曉虹, 우지더吳繼德, 천팅이陳廷一
그림 정즈밍鄭志明, 자오쑹성趙宋生, 신위안昕源, 후샤오싱胡曉幸
옮긴이 한국학술정보 출판번역팀
번역감수 안쉐메이安雪梅

펴낸이 채종준
기 획 박능원
편 집 박미화, 이정수
디자인 이효은
마케팅 황영주

펴낸곳 한국학술정보(주)
주소 경기도 파주시 회동길 230 (문발동)
전화 031 908 3181(대표)
팩스 031 908 3189
홈페이지 http://ebook.kstudy.com
E-mail 출판사업부 publish@kstudy.com
등록 제일산-115호 2000. 6. 19

ISBN 978-89-268-7490-5 94910
     978-89-268-7466-0 (전 12권)

그림으로 읽는
제**2**차 세계대전
⑫

연합군의 승리와
추축국의 패망

글 · 자오샤오훙(趙曉虹) 외
그림 · 징즈밍(鄭志明) 외

이담
Books

전역별 지도

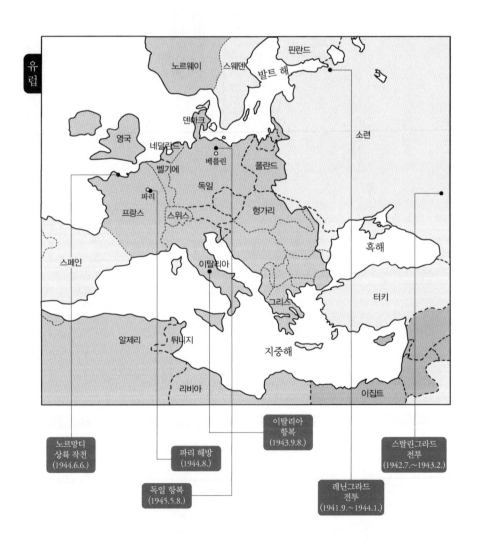

유럽

노르웨이
스웨덴
핀란드
발트 해
덴마크
영국
네덜란드
벨기에
베를린
폴란드
소련
독일
파리
프랑스
스위스
헝가리
스페인
이탈리아
흑해
그리스
터키
알제리
튀니지
지중해
리비아
이집트

이탈리아
항복
(1943.9.8.)

노르망디
상륙 작전
(1944.6.6.)

파리 해방
(1944.8.)

스탈린그라드
전투
(1942.7.~1943.2.)

독일 항복
(1945.5.8.)

레닌그라드
전투
(1941.9.~1944.1.)

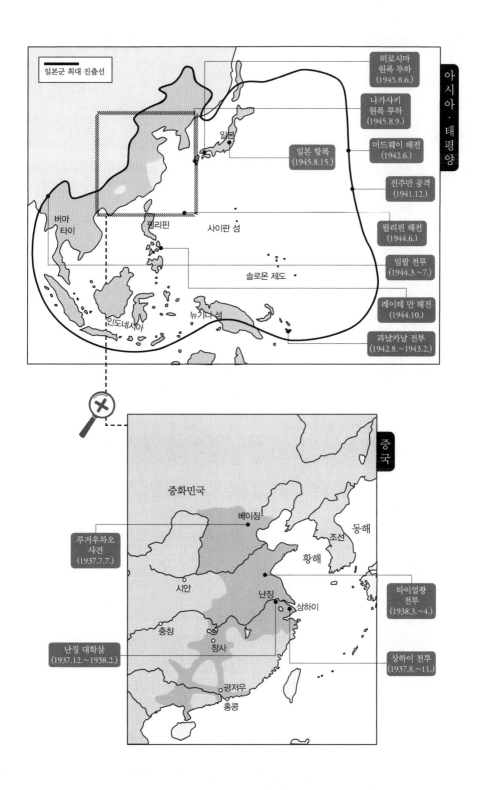

머
리
말

1945년 9월 일본 군국주의의 '무조건 항복'으로 막을 내린 제2차 세계대전이

종식된 지도 40여 년이 지났다. 세계대전이라는 대참사를 겪은 사람들 대다수는 피비린내 나던 그 세월을 잊을 수 없을 것이다. 제2차 세계대전은 유럽, 아시아, 아프리카, 오세아니아 등을 휩쓸었으며, 당시 전 세계 인구의 4분의 3에 달하는 20억 이상이 전쟁에 휘말렸다. 정확한 통계는 어렵지만, 사망자는 대략 5천만 내지 6천만으로 제1차 세계대전과 비교해서 4배가 넘었으며, 전쟁에서 소모되거나 파괴된 자산은 무려 4천억 달러에 이른다. 주요 전장(戰場) 중 한 곳이었던 중국은 일본 파시즘과의 장기전에서 커다란 희생을 치르고 마침내 승리할 수 있었다. 이 승리는 광명이 암흑을 몰아낸 승리이자 정의가 불의를 이겨낸 승리였는데 평범치 않은 역사에는 뒷사람들이 기리는 빛나는 사적과 더불어 몸서리쳐지는 잔혹한 범죄들도 존재했다. 오늘날 이 모든 것은 한 가닥 연기처럼 사라져 기억 속의 옛 자취가 되었다. 그러나 이러한 역사가 되풀이되지는 않을까? 또다시 똑같은 참사가 발생하지는 않을까? 이와 같은 고민은 전쟁의 상처를 고스란히 떠안은 우리 세대와 평화를 사랑하고 정의를 추구하는 개개인이 진지하게 심사숙고해야 할 문제이다.

중국연환화출판사에서 발간한 『제2차 세계대전사 연환화고(連環畵庫)』는 더 많은 독자가 제2차 세계대전의 전반적인 역사를 이해하기 쉽도록 풍부한 그림과 글로 세계대전의 전체 과정과 그중 중요한 전투를 재현했다. 일찍이 루쉰(魯迅) 선생이 '계몽의 예리한 도구'라 극찬한 연환화(連環畵)*는 중화인민공화국 수립 이후 지난 40년간 신속한 발전을 가져와 대중들에게 중요한 정신문화로 자리 잡았다. 독자층이 넓어지고 제재도 풍부해지면서 형식과 표현에서 진일보한 연환화는 예술적 감상과 오락적 기능을 넘어 지식을 전달하거나 교육 자료로 이용되는 등 여러 방면에서 활용되고 있다. 아무쪼록 본 시리즈가 독자들이 역사적인 사실을 배우고 이해하는 데 도움이 되길 바라며, 전쟁 도발자들의 추악한 면모와 야욕을 알고 평화와 정의를 수호하는 일이 얼마나 위대한 것인가를 깨닫기 바란다.

1989년 12월

장웨이푸(姜維朴)

---

* 연환화(連環畵): 여러 폭의 그림으로 이야기나 사건의 전체 과정을 서술하는 회화를 말하며 연속만화, 극화(劇畵)라고도 한다. 20세기 초 상하이에서 발전하기 시작했으며 문학작품을 각색하거나 현대적인 내용을 제재로 한다. 간단한 텍스트를 엮은 후 그에 걸맞은 그림들을 그리는데, 보통 선묘를 위주로 하며 간혹 채색화도 있다.

차례

전역별 지도 _ 4

머리말 _ 6

연표 _ 10

인물소개 _ 11

연합군의
오키나와 공격 _ 12

2 연합군의 일본 폭격 _ 56

3 추축국의 패망 _ 88

연
표

1929년
- 10.24. 뉴욕 증시 대폭락으로 세계 경제대공황 시작

1931년
- 09.18. 만주사변(~1932.02.18.), 일본 승리

1933년
- 01.30. 히틀러, 독일 수상에 취임
- 03.04. 루스벨트, 미국 대통령에 취임

1937년
- 07.07. 루거우차오 사건(~07.31.), 일본 승리
- 08.13. 상하이 전투(~11.26.)
- 12.13. 일본의 난징 점령과 대학살(~1938.02.)

1938년
- 03.12. 독일, 오스트리아 합병
- 03.24. 타이얼좡 전투(~04.07.), 중화민국 승리
- 09.30. 뮌헨 협정(영·프·독·이)

1939년
- 03.15. 독일 체코슬로바키아 해체, 병합
- 08.23. 독일·소련 불가침조약
- 09.01. 독일의 폴란드 침공으로 제2차 세계대전 발발
- 11.30. 소련 – 핀란드 겨울 전쟁(~1940.03.13.)

1940년
- 05.10. 처칠, 영국 총리에 취임
- 05.26. 영·프 연합군의 됭케르크 철수(~06.03.)
- 09.27. 독일·이탈리아·일본 3국 동맹

1941년
- 06.22. 독일의 소련 침공으로 독소전쟁 발발
- 09.08. 레닌그라드 전투(~1944.01.27.), 소련 승리
- 12.07. 일본의 진주만 공습(태평양전쟁 발발)

1945년
- 02.19. 이오 섬 전투(~03.26.), 미군 승리
- 03.10. 미국의 일본 도쿄 대공습
- 04.01. 오키나와 전투(~6.23.), 미군 승리
- 04.28. 무솔리니 공개 처형
- 04.30. 히틀러 자살
- 05.08. 독일 항복
- 08.06. 히로시마 원자폭탄 투하
- 08.09. 나가사키 원자폭탄 투하
- 08.15. 일본 항복

1944년
- 03.08. 임팔 전투(~07.03.), 연합군 승리
- 06.06. 노르망디 상륙 작전
- 06.11. 사이판 전투(~07.09.), 미군 승리
- 06.19. 필리핀 해전(~6.21.), 미군 승리
- 08.26. 파리 해방
- 10.23. 레이테 만 해전(~10.26.), 연합군 승리
- 09.15. 펠렐리우 전투(~11.27.), 미군 승리
- 12.16. 벌지 전투(~1945.01.25.), 연합군 승리

1943년
- 09.08. 이탈리아 항복
- 11.22. 카이로 회담(1차 11.22.~26. / 2차 12.02.~07.)

1942년
- 01.31. 싱가포르 전투(~02.15.), 일본 승리
- 06.04. 미드웨이 해전(~06.07.), 미군 승리
- 07.17. 스탈린그라드 전투(~1943.02.02.), 소련 승리
- 08.07. 과달카날 전투(~1943.02.09.), 연합군 승리

해리 트루먼(Harry Shippe Truman, 1884.5.8. ~ 1972.12.26.)

미국의 정치가로 루스벨트 대통령의 갑작스런 죽음으로 부통령으로 부임한 지 82일 만에 대통령의 자리에 오르게 됐다. 일본 히로시마와 나가사키에 원자폭탄 투하를 승인해 일본의 무조건 항복을 받아내는 데 성공하지만, 핵무기를 사용한 것에 대해 전 세계의 비판을 받았다. 1950년 한국전쟁이 발발하자 유엔군 조직을 주도해 참전했지만, 중국공산군의 개입으로 전쟁이 길어지자 중국군에 대한 공격을 주장한 맥아더를 해임함으로써 중국과의 정면 충돌을 피했다. 1953년 아이젠하워에게 대통령직을 인수하고 정계에서 은퇴했다.

레이먼드 스프루언스(Raymond Ames Spruance, 1886.7.3. ~ 1969.12.13.)

미국 해군 제독으로 태평양전쟁에서 많은 활약을 했다. 1942년 5월, 미드웨이 해전에서 엔터프라이즈호가 주축이 된 항공모함 부대를 이끌고 일본군을 격퇴시켜, 태평양함대 총사령관인 체스터 니미츠의 참모장이 됐다. 이어서 필리핀 해전과 사이판 상륙, 레이테 만 전투까지 큰 공적을 세워 대장으로 승진했다. 1944년부터는 윌리엄 홀시 제독과 1년마다 교대로 함대를 지휘했으며, 1945년에는 이오 섬 전투와 오키나와 전투도 지휘했다. 전쟁이 끝나고 은퇴 후 필리핀 대사로 임명돼 대사직을 수행했다.

사이먼 버크너(Simon Bolivar Buckner Jr., 1886.7.18. ~ 1945.6.18.)

미국의 군인이자 태평양전쟁의 최대 격전이었던 오키나와 전투의 미국 육군 총사령관이었다. 1941년 태평양전쟁이 일어나자 알래스카에 파견돼 방위 사령관이 됐고, 1942년 6월 하버 공격과 1943년 8월 키스카 섬 탈환을 지휘했다. 1945년 오키나와 전투를 지휘해 당시 18만 3천여 명의 대규모 병력을 투입해 일본군을 거의 궤멸시켰으나, 승리를 눈앞에 둔 순간 일본군의 기습으로 사망했다.

우시지마 미쓰루(牛島滿, 1887.7.31. ~ 1945.6.22.)

제2차 세계대전에서 활약한 일본 육군의 군인이다. 일본의 시베리아 출병에 참전했고, 이후 일본에 돌아와 야전 지휘와 후방 업무를 두루 맡았다. 1937년 중일전쟁에 참가해 중장으로 진급했고, 1944년 오키나와 방위를 담당하는 제32군 사령관으로 부임했다. 1945년 4월 오키나와 전투에서 미국 상륙부대에 끝까지 맞섰지만, 패배가 확실해지자 같은 해 6월 22일 조 이사무(長勇) 참모장과 함께 전통적인 할복 의식으로 자결했다.

1945년 3월 초, 미국 최고사령부는 오키나와 진격을 위한 '아이스버그' 작전을 수립하고, 스프루언스 상장 휘하의 10여만 육해공 병력을 투입해 오키나와 섬을 점령하기로 했다. 미군은 죽음을 무릅쓰고 격렬히 저항하는 일본군과 약 3개월 동안 잔혹한 전투를 치른 끝에 섬에 있는 일본군을 모두 섬멸하고 마침내 오키나와 섬을 점령했다.

글 · 자오샤오훙(趙曉虹) ·
그림 · 정즈밍(鄭志明) · 자오쑹성(趙宋生)

그림으로 읽는 제2차 세계대전 ⑫

연합군의 승리와 추축국의 패망

연합군의 오키나와 공격

1

1945년 2월, 유럽 전장에서 소련군이 라인 강을 건너 연합군과 함께 베를린을 포위 공격하고 있을 무렵, 태평양 전장에서 미군도 뉴기니 반격에 이어 마리아나 제도와 루손 섬을 점령해 일본군의 '절대 방어권'을 돌파하고 점점 일본 본토를 옥죄어가고 있었다.

미군이 필리핀 제도의 군사 요충지를 점령한 후, 연합참모부는 중국 해안선을 따라 일본을 공격하려던 계획을 취소하고 직접 해상에서 일본 본토를 공격하기로 했다. 1945년 2월 19일, '살아 움직이는 기계'로 불리는 스프루언스 해군 상장은 명을 받고 일본의 이오 섬을 공격하기 시작했다.

1945년 3월 초, 이오 섬 전투가 아직 끝나기도 전에 미군 연합참모부는 또 비밀리에 오키나와 섬을 점령하기 위한 아이스버그 작전을 수립하고 병력을 이동 배치하기 시작했다.

오키나와 섬은 류큐 제도에서 가장 큰 섬으로 면적은 1천2백km^{2}이며, 일본 본토에서는 360해리(약 670km) 떨어진 일본 남부의 천연요새로 매우 중요한 전략적 위치에 있었다.

일본의 오키나와 섬에 대한 지원을 방해해 아이스버그 작전을 순조롭게 실행하기 위해, 3월 중순 미군은 연이어 괌 기지에서 B29 슈퍼공중요새 폭격기 3천 대를 출동시켜 일본의 도쿄, 오사카 등지에 여러 차례 폭격을 가했다.

3월 14일, 이오 섬 전투가 마무리 단계에 이르자 미군 연합참모부는 즉시 비행기 2천5백 대, 전함 1천5백여 척, 상륙부대 18만 3천여 명을 집결시켜 스프루언스 상장의 지휘 아래 오키나와 섬으로 향했다.

일본 본토를 지켜내기 위해 일본 제국 최고사령부는 전력으로 오키나와 섬을 사수하기로 하고, 적을 깊이 유인해 겹겹이 저항하고 해군·공군 역량으로 미국 함대를 섬멸한 다음, 다시 육상 반격으로 덴코 작전과 기쿠수이 작전을 수행하기로 했다.

일본 최고사령부는 총력을 기울여 본토와 타이완 비행장에서 가미카제 비행기를 위주로 한 비행기 2,990대를 긁어모았고, 전함 10척으로 구성된 특공함대로 오키나와 섬을 지원하기로 했으며, 또한 섬을 지키는 어렵지만 막중한 임무를 제32집단군 사령관 우시지마 미쓰루(牛島滿) 중장에게 맡겼다.

최고사령부의 결정에 따라 우시지마 미쓰루는 오키나와 섬 병력의 97%를 모두 남부의 산악 지대에 집중시켰다. 일본군은 가파른 절벽을 따라 참호를 파서 식량과 탄약을 쌓아두었고, 수많은 엄폐호를 만들었으며, 마치나토, 슈리, 야에세다케의 절벽에 3겹의 견고한 방어선을 구축했다.

우시지마 미쓰루는 또 오키나와 섬 부근에 자살함정 7백여 척을 배치하도록 명령하고, 섬내 남자들은 '결사대', 여학생들은 '히메유리' 학도대를 조직하는 등 민간인들을 징집해 총병력이 11만 명에 달했다. 우시지마는 미군과 결사전을 벌이기 위해 온갖 수단을 모두 동원했다.

1945년 3월 18일 새벽, 첫 번째 그룹의 미군 비행기가 미첼 해군 중장이 지휘하는 제58특별함대에서 발진해 류큐 제도의 모든 일본군 군사시설을 융단 폭격함으로써 일본군 비행기 4백여 대가 파괴됐다.

이튿날, 격분한 우시지마 미쓰루는 남아 있는 비행기를 출동시켜 미국 군함에 복수할 것을 명령했다. 일본군 조종사들은 밀집한 포화를 뚫고 미국 함대를 미친 듯이 공격했는데, 프랭클린호와 와스프호 전함 갑판에 폭탄이 떨어져 선체가 크게 손상됐고, 혼란 속에 미군 함정이 발사한 포탄이 엔터프라이즈호 항공모함에 명중돼 피해를 입었다.

3월 26일, 스프루언스는 연합참모부의 지시에 따라 우선 1개 사단 병력을 군함, 비행기의 엄호 아래 오키나와 섬 서쪽에서 약 24km 떨어진 게라마 제도에 상륙시켰다. 섬을 수비하던 일본군 8백여 명은 우시지마 미쓰루에게 지원을 요청하고 결사적으로 저항했다.

그러나 우시지마 미쓰루는 증원할 병력이 없었다. 게라마 제도 일본 주둔군은 수적으로 너무 열세이므로 할 수 없이 벙커로 퇴각했으며, 미군은 화염방사기와 불도저로 벙커 속 일본군을 산 채로 묻어버렸다. 3월 27일, 미군은 섬을 점령하고 자살함정 3백 척을 노획했다.

오키나와 전투가 시작됐다. 총공격 전에 스프루언스 상장은 작전지휘부에서 참전하는 육해공 3군 장성들을 소집해 아이스버그 작전 실행 방안에 따라 병력을 상세하고 빠짐없이 배치했다.

스프루언스는 미켈 해군 중장과 터너 해군 중장이 이끄는 제58특별함대와 제5함대에 전체 전역의 해상·공중 지원을 맡기고, 버크너 육군 중장에게는 보병 제24군과 해병대 제3군단으로 구성된 제10집단군을 이끌고 상륙해 공격할 것을 명령했다.

스프루언스는 일단 전투가 시작되면 버크너가 지휘하는 보병과 해병대는 반드시 오키나 와 서쪽, 북쪽 예정 지점에 동시에 상륙해 섬을 남북으로 차단한 다음 보병은 남쪽으로, 해 병대는 북쪽으로 진격해 일본군을 나눠서 각개 격파해야 하며, 또한 전체 전역은 반드시 70일 내에 끝내야 한다고 강조했다.

4월 1일 부활절 당일, 스프루언스는 작전지휘부에서 아이스버그 작전 실행 명령을 내렸다. 오키나와 총공격이 시작된 것이다!

미켈 장군은 즉시 제58특별함대의 중형 폭격기에 발진을 명령했다. 비행기들은 은빛이 반짝이는 수많은 검처럼 오키나와 섬 상공에 도착해 약 3시간 동안 끊임없이 폭격을 이어갔다.

곧이어 터너 장군이 이끄는 제5함대의 전함 1천4백여 척이 사방에서 오키나와 섬을 에워싸며 다가왔다. 끝이 안 보이는 방대한 함대는 일제히 불을 뿜어 오키나와 섬을 불바다로 만들었다.

오전 8시 30분, 해군·공군의 강력한 화력 지원을 받아 버크너의 힘찬 구령과 함께 제10집단군이 각종 상륙정에 나누어 타고 물밀듯이 오키나와 섬을 향해 돌진해 들어왔다.

우시지마 미쓰루가 이오 섬 전투에서의 경험을 교훈 삼아 초기 병력 손실을 피하기 위해 해변에 방어 병력을 배치하지 않았으므로 미군 보병은 오키나와 섬 서쪽 게이세 섬에서 무혈 상륙에 성공했다. 곧이어 대량의 미군 전차와 화포가 끊임없이 해변으로 올라왔다.

서쪽 해안에 상륙한 미군 보병 제24군 지휘관 호지즈 장군은 모래사장에 자리를 잡은 후 즉시 선두부대에 작전 명령에 따라 오키나와 섬 남부로 진격하라고 명령했다.

첫 번째 선두부대가 모래사장에 있는 3m 높이의 방파제를 넘어 조심스럽게 남쪽으로 전진했다. 그러나 주위에는 온통 초토만 보일 뿐 일본군은 그림자도 없었다.

같은 시각, 버크너가 지휘하는 미군 해병대 제3군단도 오키나와 섬 북부 예정 지역에 무사히 상륙해 계획대로 북쪽으로 나아갔다. 그날 저녁까지 상륙한 미군 병력은 6, 7만 명에 달했으며, 해안과 가까운 가데나, 요미탄 두 일본군 비행장을 점령하고, 견고한 교두보 진지를 구축했다.

4월 2일, 오키나와 섬 남쪽과 북쪽에서 각기 진격하던 미군 부대는 여전히 일본군의 저항에 부딪히지 않았다. 미군은 당혹스러워하며 일본군이 어딘가에 파놓았을 함정에 걸려들지 않기 위해 더욱 신중하게 행동했다.

4월 3일, 북쪽으로 진군하던 해병대가 그제야 근처 비행장의 동쪽에서 일본군 방공진지 여러 개를 발견했다. 용맹하기로 유명한 해병대 병사들은 맹렬하게 돌격해 일거에 일본군을 섬멸하고 비행장을 점령했다.

4월 5일, 호지즈 장군이 이끄는 제24군단이 남쪽으로 진격해 들어가던 중 첫 번째 방어선인 마치나토를 지키고 있던 2개 반 사단 병력의 일본군과 맞닥뜨렸다. 오키나와에 상륙한 미군이 마침내 우시지마 미쓰루 소속부대의 진정한 저항에 부딪힌 것이다.

4월 6일, 기상이 악화되고 북풍이 휘몰아쳤다. 일본 총지휘부는 덴코 작전 실행을 명령했다. 정오 무렵, 미켈의 제58특별함대의 레이더 화면에 갑자기 새까만 '유령' 그림자가 나타났다.

레이더 화면에 나타난 그림자는 가미카제 특공대원이 조종하는 일본 자살비행기 4백여 대였다. 이들 중에는 이제 16세가 되는 병사도 있었는데, 몇 주간의 속성 훈련을 받은 그들은 머리에 흰 천을 두르고 전통 예복을 입은 채 특별영예휘장을 달고 기세등등하게 미 군함을 향해 돌진해 오고 있었다.

죽음의 공포가 미국 함대 상공에 드리운 가운데 각 항공모함에서는 요란한 전투 경보음이
울려 퍼졌다. 미군 조종사들은 즉시 비행기를 발진시켜 요격했다.

공중전은 이상한 양상을 띠었는데, 일본 비행기는 기동 비행을 하지 않고 미군 비행기의
요격에도 불구하고 오직 군함에 충돌하려고만 했으므로, 목표물에 접근하기도 전에 대부
분 격추되고 오직 극소수만이 군함에 충돌했다. 이번 공중전에서 미군 비행기는 일본 비행
기 3백 대를 격추시켰다.

그날 밤, 규슈와 시코쿠 일대 해상에서 경계를 맡고 있던 미군 잠수함은 레이더 화면에서 의심스러운 그림자를 발견했다. 1분 뒤, 스프루언스의 작전지휘부는 잠수함 함장이 발송한 긴급 무전을 받았다. "적 장갑함 1척과 기타 적함 여러 척이 정면 남쪽 180°로 항행하고 있음!"

편도 연료만 실은 일본 대형 전함 야마토호가 순양함 1척, 구축함 8척을 이끌고 칠흑 같은 밤을 틈타 숨죽여 제58특별함대를 향해 다가오고 있었다.

이튿날 동틀 무렵, 미켈은 전투기 40대를 파견해 먹장구름이 뒤덮이고 파도가 하늘로 치솟는 해상을 수색하게 했고, 8시 20분 규슈 남쪽 해상에서 일본 특공함대를 발견했다.

전투기 132대, 급강하폭격기 50대, 뇌격기 98대로 구성된 첫 번째 미군 공격기 부대가 니미츠 장군의 명령을 받고 일본 함대 상공으로 새까맣게 몰려들었다. 야마토호는 각 함정에 포격을 명령했고 삽시에 초연이 자욱하고 함포 소리가 귀청을 찢는 듯했다.

일본 함대는 비행기의 호위가 없었으므로 제공권은 완전히 미군의 수중에 있었다. 미군 폭격기, 전투기, 뇌격기가 융단 폭격 및 기관총을 난사하자 일본 함선 갑판 위는 사방에 불길이 일고 병사들의 고함과 비명 소리로 아수라장이 됐다. 미군의 공격으로 일본 구축함 2척이 그 자리에서 침몰되고 순양함은 큰 손상을 입었다.

야마토호도 폭격으로 손상을 입었지만 상처 입은 맹수마냥 온몸에 불을 안고 구축함 여러 척을 이끌고 남은 동력을 모두 끌어모아 앞으로 돌진했다.

첫 번째 공습이 지나고 얼마 안 돼 미켈 제58특별함대에서는 전투기 88대, 급강하폭격기 75대, 뇌격기 33대가 발진해 또다시 폭탄을 일본 함선에 쏟아부었다.

일본 순양함과 구축함 2척이 순식간에 침몰했다. 하늘땅을 뒤흔드는 굉음과 함께 야마토 호도 함상의 수천 명 병사들과 함께 흔적 없이 사라졌다. 나머지 구축함 3척은 짙은 연기를 뿜으며 황급히 도망쳤다. 일본 천황의 마지막 함대가 괴멸됐다.

같은 날, 일본군 최고사령부는 자살비행기 182대를 파견해 오키나와 섬 상륙을 지원하는 미국 군함에 또다시 대규모 공격을 감행했고, 결과적으로 자살비행기 93대가 격추됐다. 이틀 동안 일본군 비행기는 막대한 손실을 입었으며, 미군 구축함 15척이 격침됐다.

이 기간 동안 덴코 작전과 기쿠수이 작전에 협조하기 위해 우시지마 미쓰루는 오키나와 섬 연안에 은폐해 있던 일본군 자살함정에 명령해 미국 함대를 빈번히 공격했으나, 이들은 대부분 미켈의 항공병과 군함 대포에 의해 바다에 수장됐다.

오키나와 섬 북쪽으로 진군했던 해병대 제3군단은 파죽지세로 극소수 일본군의 간헐적인 저항을 물리치고, 4월 21일, 가장 북쪽의 이에지마 섬을 점령했다. 남부 산악 지역을 제외한 오키나와 섬 전체가 버크너 제10집단군의 수중에 들어왔다.

오키나와 섬 남쪽으로 내려온 보병 제24군단은 우시지마 미쓰루의 주력과 마치나토 지역에서 격전을 벌였다. 미군이 공격하려고 하면 일본군은 벙커에서 궤도가 있는 로켓포를 끌어내와 미군을 맹렬하게 포격했다.

호지즈 장군이 여러 차례 반격을 시도했으나 번번이 격파하지 못했다. 4월 10~11일, 오키나와 섬에 연이어 내린 큰비로 폭탄에 가루가 된 토지는 진흙탕이 됐고, 미군의 모든 중형 기계와 무기는 진흙탕에 빠져 꼼짝할 수 없었다.

4월 12일 밤, 우시지마 미쓰루는 기회를 보다가 소속부대를 이끌고 반격해 북부 비행장을 탈환하려 했다. 호지즈는 침착하게 맞서 강력한 포화로 일본군을 마치나토 방어선으로 쫓아버렸다.

4월 19일, 미군 상륙부대는 1시간여 동안 해군·공군의 지속적인 화력 지원 아래 호지즈가 직접 제24군단의 3개 사단을 이끌고 허름하기 짝이 없는, 일본군의 마치나토 방어선을 향해 다시 돌격해 들어갔다.

우시지마 미쓰루는 일본군을 지휘해 각종 벙커 화력을 모두 동원해 미친 듯이 쏘아 댔다. 미군은 500~800m밖에 전진하지 못하고 연이어 쓰러졌으며 더는 앞으로 나아갈 수 없었다.

일부 미군 보병 선두부대가 죽음을 무릅쓰고 끝내 일본군의 정면 산등성이 진지를 돌파했다. 그러나 이 용감한 병사들은 산등성이를 넘어 계속 돌격하려다가 그만 산 뒤쪽에서 갑자기 나타난 일본군의 숨겨둔 군사 진지에 노출돼 모두 사살되고 말았다.

미군 보병 제24군은 공격을 저지당하고 막대한 사상을 입었다. 버크너는 해병대 제1·2 사단을 차출해 호지즈를 증원했다.

호지즈는 마음을 가다듬고 다시 병력을 배치했으며 연속으로 보병과 해병대를 함께 편성해 일본군 진지를 공격했다. 미군 장병들은 동료의 시체를 밟고서 적군 참호로 쳐들어가 일본군과 치열한 교전을 벌여 마침내 4월 24일 마치나토 방어선을 돌파했다.

우시지마 미쓰루는 병력을 아껴 기회를 엿보아 반격하려고 마치나토에서 미군의 대량 병력을 섬멸한 후 일본군을 남쪽의 두 번째 방어선인 슈리로 철수시켰다.

버크너는 병사들의 무의미한 희생을 더는 두고 볼 수 없어 부대에 돌격을 잠시 멈추고 강력한 무기를 이용해 일본군 병력을 타격하기로 결정했다. 그 후 양군은 빗속에서 연 며칠 동안 치열한 포격전을 벌였다.

그 사이 일본군 가미카제 공격기가 미군 탄약 수송선 3척을 격침시켜 버크너가 절박하게 기다리던 탄약과 포탄 3만 톤을 날려버렸다. 스프루언스는 재빨리 필리핀에서 탄약을 공수해 보충하라고 지시했다. 오키나와 섬으로 군수 물자가 끝도 없이 들어갔지만 공격 속도는 더디기만 했다.

일본군에게는 방어전이 더욱 유리했으나 일본 최고사령부 수뇌들은 언제 끝날지 모르는 지구전이 답답해 우시지마 미쓰루에게 제국의 생사를 결정하는 대반격에 나설 것을 명령했다.

5월 4일, 가미카제 공격기의 협력을 받기로 하고 우시지마 미쓰루는 일본군을 이끌고 슈리 방어선에서 뛰쳐나와 미군을 향해 돌격해 갔다.

우시지마 미쓰루의 어리석은 행동으로 인해 버크너는 자기 뜻대로 즉시 모든 포화를 돌격해 오는 일본군에게 쏟아부었다. 대낮에 적에게 완전히 노출된 일본군 병사들은 방패막이 하나 없이 그대로 미군 대포의 제물이 됐다. 이번 전투에서 일본군은 약 5천 명이 목숨을 잃었고 사기도 크게 떨어졌다.

5월 8일, 유럽 전장에서 독일 파시즘이 무조건 항복을 선포했다는 희소식이 전해졌다. 5월 10일, 오키나와 섬 부근 해상에서 모든 미국 군함은 일제히 예포를 쏘며 '유럽승리일'을 경축했다!

오키나와 섬의 미군 참모부에서는 혈기 왕성한 젊은 군관들이 이 승리 소식에 고무돼 너도나도 일본군에 결정적인 공격을 하자고 건의했으나 신중한 버크너 장군은 동의하지 않았다.

오키나와 섬에서 미군의 공격을 저지하는 일본군을 지원하기 위해 일본 최고사령부는 밑천이나 다름없는 경험이 풍부하고 노련한 조종사들을 가미카제 특공대원으로 배치해 오키나와 섬 부근의 미국 함대를 수시로 공격했다.

미켈 장군이 있던 기함 벙커힐호는 일본군 자살비행기 2대의 연이은 충돌로 큰 손상을 당해 미켈 자신도 목숨을 겨우 건졌으며 배 안의 숙소가 파괴되고 말았다.

미켈은 할 수 없이 방금 수리가 끝난 엔터프라이즈호에 옮겨 탔다. 5월 14일, 선원들이 파란 바탕에 하얀 별 3개가 있는 기함 표지를 돛대에 내걸자마자 레이더 화면에 고독한 '유령'이 나타났다.

일본 제로기는 교활한 독수리마냥 구름층을 방패 삼아 아래위로 날쌔게 움직이며 신속하게 엔터프라이즈호를 향해 날아왔다.

함상의 각종 화포, 기관총 심지어 보총까지 들고 이 겁 없는 '유령'을 조준해 맹렬하게 불을 뿜었다. 일본 비행기는 여러 차례 명중됐으나 여전히 짙은 연기와 불길을 내뿜으며 비틀비틀 새로운 기함의 승강대와 충돌했다.

엄청난 굉음과 함께 엔터프라이즈호 승강대의 3분의 1이 공중으로 날아갔다. 함상에서는 비행기가 와 부딪히자마자 14명이 숨졌고, 갑판 2개 층에 구멍이 뚫려 2천여 톤의 바닷물이 배 안으로 흘러들었다.

다행히 엔터프라이즈호는 침몰되지 않았다. 불을 끄고 난 뒤 놀란 가슴을 미처 가라앉히지 못한 미켈은 갑판 위에 타다 남은 비행기 잔해와 불에 탄 조종사의 시체를 정신 나간 사람처럼 한참 동안 지켜보다가 묵묵히 기도했다.

미군 연합참모부는 지구전이 계속 이어지는 오키나와 섬 전황에 대해 매우 불만족스러워했다. 5월 28일, 일본군 비행기가 마지막 대규모 공격을 발동한 후, '황소'라 불리는 홀시 해군 상장이 폭풍우를 무릅쓰고 오키나와 작전구역으로 달려가 스프루언스의 최고지휘권을 넘겨받았다.

홀시 상장은 신속하게 병력 배치를 조정하고 진두지휘에 나서 버크너에게 어떤 대가를 지불하고라도 즉시 일본군 진지를 공격할 것이며, 성공만 있을 뿐 실패 따위는 없어야 한다고 명령했다.

우시지마 미쓰루는 소속부대를 이끌고 슈리 방어선에서 안간힘을 다해 저항했지만 홀시의 연이은 '황소'식 맹공격에 일본군 방어선은 맥없이 무너졌고 막대한 사상자가 발생했다.

5월 말, 홀시의 지휘 아래 미군은 단숨에 일본 수비군을 격퇴하고, 성조기를 시체가 가득한 슈리 방어선에 꽂았으며, 승세를 이어 나바, 요나바루의 일본군 진지를 점령했다.

우시지마 미쓰루는 오키나와 섬에 연이어 폭우가 쏟아져 미군의 움직임이 둔해졌을 때 일본군 부대를 이끌고 남쪽으로 야에세다케 절벽을 따라 구축한 마지막 벙커 방어선으로 철수했다.

홀시 장군은 슈리 방어선을 돌파한 후, 버크너에게 승세를 몰아 추격하라고 명령했다. 미군 장병은 장대비를 무릅쓰고 진흙탕이 된 도로를 힘겹게 걸으며 여러 날을 행군한 끝에 겨우 야에세다케 절벽에 도착했다.

6월 10일, 버크너는 총공격을 명령했다. 비행기와 대포의 엄호 아래 미군은 다커 비탈에 있는 길이 8km, 높이 150m의 일본군 방어선을 공격하기 시작했다.

우시지마 미쓰루가 다커 수비군에 벙커 안에 있는 마지막 비밀 병기인 중포 화력망을 사용하라고 명령하고 나서야 겨우 미군의 공세를 물리칠 수 있었다. 그러나 이렇게 노출된 벙커들은 곧바로 미군의 맹렬한 포화에 의해 제거됐다.

그 시각 일본 국력은 바닥난 상태로 일본군 최고사령부는 오키나와 섬 수비군에 대한 해군·공군 지원을 모두 끊어버렸다. 오키나와 수비군은 물자 지원이 없는 상황에서 탄약과 식량도 거의 남지 않았고 사상자는 점점 늘어났다. 대세는 이미 기울어졌고 일본군은 궁지에 몰렸다.

버크너는 항복 권고서를 낙하산에 매달아 일본군 진지에 떨어뜨려 우시지마 미쓰루에게 36시간 내에 '품위 있게 항복'하라고 요구했다.

동시에 버크너는 해병대 제7사단과 제97사단에 적군의 포화를 무릅쓰고 다커 비탈을 기어 올라가 일본군을 압박하라고 지시했다.

그러나 완고한 우시지마 미쓰루는 천황에게 충성할 것을 결심하고, 버크너 장군의 권고를 무시한 채 일본군 잔존 부대에 결코 항복하지 말고 끝까지 싸울 것을 명령했다.

6월 13일, 약속한 기한이 되자 버크너 장군의 명령과 함께 모든 전선의 미군은 엄폐호에서 뛰쳐나와 비행기, 전차의 엄호 아래 끝까지 저항하는 일본군을 향해 맹렬한 총공격을 펼쳤다.

절망에 빠진 일본군은 최후의 발악을 했다. 히메유리 학도대 여성들은 수류탄을 허리춤에 매달고 동굴을 뛰쳐나와 총검을 든 병사들과 함께 소리 지르며 미군을 덮치기 위해 달려들었다.

6월 18일, 전진기지에서 직접 결전을 지휘하던 버크너가 일본군 포탄에 중상을 입고 몇 분 뒤 전사했다. 이튿날, 육군 제96사단 부사단장 이스라엘 준장도 양군이 뒤엉켜 싸우는 중에 사살됐다.

격분한 홀시 장군은 화염전차와 증원부대를 파견해 반항하는 모든 일본군을 죽이라고 명령했다. 미군 병사들은 갱도, 참호에 뛰어들어 일본군과 치열한 육탄전을 벌였다. 6월 21일, 미군은 마침내 다커 방어선을 격파했다.

6월 23일, 우시지마 미쓰루와 그의 막료들은 미군이 일본군 잔존 부대를 소탕하는 총소리가 들리는 가운데 야에세다케 절벽의 동굴 속에서 집단 할복자살을 했다. 이렇게 태평양을 뒤흔들었던 96일간의 오키나와 전투가 드디어 종결됐다.

오키나와 섬은 제2차 세계대전 중 태평양 해상에서의 마지막 전장이었다. 미군은 오키나와 섬을 점령한 후 이를 근거지로 삼아 대규모의 군함, 비행기를 파견해 끊임없이 일본 본토를 공격함으로써 일본 제국의 패망을 앞당겼다.

1945년 봄, 제2차 세계대전은 태평양 전장에서 커다란 변화가 생겼다. 연합군은 오키나와 섬을 점령함으로써 일본 본토를 공격하기 위한 해군·공군 기지를 마련했으며, 일본의 전략적 지역 및 군사 요충지를 빈번히 폭격해 일본에 경제·군사적으로 엄청난 파괴와 손실을 입혔다. 이어 미군은 8월 6일과 9일에 일본의 히로시마와 나가사키에 새로 시험 성공한 원자폭탄을 투하해 일본 전체가 발칵 뒤집어졌다. 8일에는 소련이 출병과 함께 대일 선전 포고를 했다. 8월 14일, 일본 파시즘의 붕괴를 앞두고 천황 히로히토는 '포츠담 선언'을 받아들여 연합국에 무조건 항복함을 공개적으로 선포하며, 9월 2일 항복 문서에 조인했다.

글 · 우지더(鳴繼德)

그림 · 신위안(昕源)

그림으로 읽는 제2차 세계대전 **12**

연합군의 승리와 추축국의 패망

연합군의 일본 폭격

2

1945년 봄여름부터 제2차 세계대전의 전개에 커다란 변화가 생겼다. 유럽 전장에서 동·서부 전선 연합군은 독일 심장부로 옥죄어 들어갔고, 아시아·태평양 전장에서 일본군은 패배를 거듭했다.

태평양 전장에서 일본 본토에 대한 공격을 가속화하기 위해 연합군 총사령부는 미군 터너 해군 중장을 파견해 육해군을 이끌고 공군의 협조 아래, 2월 19일, 도쿄에서 멀지 않은 이오 섬을 공격하게 했다. 미군은 일본군의 포화를 무릅쓰고 상륙한 후 신속하게 적진으로 파고들어 일본 수비군과 치열한 격전을 벌였다.

미군은 또 태평양 전장 공세에 발맞춰 얼마 전에 점령한 사이판 섬의 비행장을 이용해 비행기로 일본 본토의 중요한 군사지역과 도쿄를 연이어 폭격했다.

3월 9일, 미군은 보잉 B29형 슈퍼공중요새 279대를 출동시켜 도쿄를 폭격해 불바다로 만들었다.

그 시각, 이오 섬에 상륙한 미군은 1개월여의 전투를 치른 끝에 일본군 대부분을 섬멸하고 쿠리바야시(栗林) 사령관이 이끄는 잔존 부대를 포위했다. 3월 25일 밤, 미군은 일본 수비군 잔존 부대를 전멸시키고 섬 전체를 점령했다.

미군은 이오 섬을 점령한 후 승세를 몰아, 4월 1일 오키나와 섬을 공격했다. 해병대는 해군·공군의 엄호를 받으며 섬 서쪽 해안에 상륙했다.

상륙부대는 해안에서 가까운 비행장을 점령한 후, 동쪽 해안으로 파고들어 오키나와 섬을 남북으로 가르고 곧 부대를 둘로 나누어 남북 위아래로 진격해 나갔다.

일본군 최고사령부는 오키나와를 지키기 위해 배수량이 6만 8천 톤에 달하는 세계에서 가장 큰 야마토호를 포함해 남아 있는 전함 10척으로 해상특공함대를 편성했으며, 이들 함대는 내해에서 출발해 오키나와로 나아가 미국 함대와의 결사전을 준비했다.

그러나 일본 해상특공함대는 출항한 지 얼마 지나지 않아 미군 잠수함에 발견됐고, 7일 정오 미국 전함 및 함재기 386대의 습격을 받아 치열한 해전 및 공중전을 벌였다.

일본 전함 야마토호는 크게 파손돼 규슈 서남 방향 50해리(약 90km) 되는 곳에서 격침됐으며, 함상에 있던 수병 3천 명은 모두 익사했다. 기타 경순양함 10척 및 구축함 8척도 연이어 격침돼 그나마 남아 있던 일본 함대마저 대부분 괴멸됐다.

일본군은 위기 국면에서 벗어나기 위해 무모하게도 4월 중순에서 5월 하순 사이에 연이어 '기쿠수이 작전'으로 명명한 가미카제 자살비행기를 출격시켜 미군의 일부 함선을 격침시켰으나, 전쟁 자체에는 결정적인 영향을 미치지 못했고 오히려 일본 항공병의 총체적인 괴멸을 앞당겼다.

5월 8일, 독일의 항복 소식이 전해지자 일본군 최고사령부는 크게 당황했고 일본군의 사기는 극도로 저하됐다. 또한 오키나와 섬 수비군도 미군의 맹렬한 포화에 연이은 패배를 거듭했다.

6월 22일, 연합군이 오키나와 섬 남부의 마지막 방어선을 돌파하자 일본 수비군 사령관 우시지마 미쓰루 중장은 할복자살했다. 이후 연합군은 남아 있는 일본군을 수색 및 소탕해 6월 말에 이르러서는 오키나와 섬 전체를 점령했다.

연합군은 오키나와 섬을 점령함으로써 일본 본토를 공격하는 데 필요한 주요 해군·공군 기지를 획득했다. 이후, 미군은 이곳에서부터 끊임없이 슈퍼공중요새 및 각종 유형의 비행기를 파견해 일본 본토와 도쿄를 폭격했다. 7월에 미군 폭격기가 투하한 폭탄의 톤수는 3월분의 3배에 달했다.

미군의 맹렬한 폭격에 모두 합쳐 125만 톤이 넘는 일본의 선박이 격침돼 일본 교통 운수는 거의 마비상태에 이르렀다.

일본의 6백여 개 주요 군수공장도 폭격에 심하게 파괴되거나 폐허가 됐다.

도시 인구가 폭격을 피해 농촌으로 대거 몰려가면서 전시 생산이 위축되고 경제난도 심화됐다. 이에 따라 일본 국민은 극도의 공포와 불안감에 휩싸였다.

그러나 일본 파시즘은 독일 파시즘이 항복하고 대세가 완전히 기울어진 상황에서도 최후의 발악으로 인력과 물자 동원에 적극 나서 '본토 결전'을 준비했다. 이에 따라 수많은 청소년들이 강요에 의해 입대해야만 했다.

일본 파시즘의 항복을 앞당기기 위해 연합국은 더욱 강력한 조치를 취하려 했다. 미국의 트루먼 신임 대통령은 확신에 차서 "테러 폭격과 육상 공격을 동시에 진행하는 것만이 가장 유효적절한 수단"이라고 말했다.

일찍이 1939년 10월 11일, 미국의 루스벨트 전임 대통령은 아인슈타인의 건의대로 원자 무기위원회를 설립했고, 2년 뒤 미·영 과학자들은 우라늄 원자가 핵분열 시 거대한 에너지를 방출한다는 것을 연구를 통해 발견했다.

그 후 미국 원자력 과학자들은 원자폭탄의 설계, 제작에 적극적으로 매진해 비약적인 발전을 이루었으며, 짧은 시일 안에 실전에 적용 가능한 실험을 진행하기에 이르렀다.

1945년 7월 16일, 미국은 뉴멕시코 주의 사막 지대인 앨러머고도에서 원자폭탄 실험을 성공시켰다. 원자폭탄이 폭발한 후, 그곳에 있던 강철 대교가 고온에 증발돼 흔적도 찾을 수 없었고, 부근 7백m 이내의 사막은 뜨거운 흰 접시가 되어버렸는데 고온에 의해 유리질의 물질로 타버린 것이었다. 물론 주변에 있던 생물은 모두 살아남지 못했다.

그 시각, 트루먼 대통령은 베를린 서남쪽 포츠담에서 연합국 정상회담에 참석하려던 중이었는데 이 소식을 듣고서 흥분을 감추지 못했다.

7월 17일, 연합국 정상회담이 포츠담에서 개최됐다. 회담에 참석한 스탈린, 처칠은 미국의 원자폭탄 실험 성공 소식에 기뻐해 마지않았다.

바로 이날, 미국의 스팀슨 육군 부장이 특별히 포츠담으로 날아가 트루먼에게 원자폭탄 실험 성공에 대해 상세히 보고했다.

며칠 동안 트루먼은 자국 군사요원들과 함께 원자폭탄 사용 세부 절차에 대해 논의한 후, 24일 미국 육군 전략공군 사령관 스파츠 장군에게 제20항공대 제509대대를 파견해, 8월 3일 이후 기상 조건이 맞을 때 일본에 원자폭탄을 투하하라는 지시를 내렸다.

이 기간 동안 트루먼은 사전에 준비한 '포츠담 선언' 초고를 처칠과 협의해 의견 일치를 얻어냈다.

이와 함께 트루먼과 처칠은 '포츠담 선언' 내용을 중국과 소련 정부에 보내 의견을 구했고, 중국 정부의 즉각적인 동의를 얻었다.

7월 26일, 연합국은 미 · 영 · 중 3국이 '포츠담 선언'에 서명해 발표하는 것을 최후통첩으로 하여 일본 정부에 무조건 항복을 요구했으며, 7월 28일 정식으로 전 세계에 공포했다 (소련도 8월 8일 대일 선전 포고 전야에 '포츠담 선언'에 서명했다).

일본 정부는 '포츠담 선언'에 대해 냉담한 반응을 보였다. 스즈키 간타로(鈴木貫太郞) 수상은 28일에 발표한 담화에서 "상관하지 말고 오직 전투에만 임하면 된다"라고 했다.

연합군 비행기는 7월 28일부터 8월 1일까지 일본 각 도시 상공에 전단지 150만 장과 '포츠담 선언' 3백만 장을 뿌렸다.

연합국은 전단지에 일본 각 도시에 곧 맹렬한 공중 폭격이 있을 것임을 경고했고, 매번 경고가 있은 다음에는 이어서 통상적인 비행기의 무차별 폭격이 뒤따랐다.

일본 정부는 여전히 아무런 반응이 없었고, 이에 미국은 원래 계획대로 트루먼의 명령에 따라, 8월 6일 일본에 원자폭탄을 투하하기로 했다.

8월 6일 이른 아침, 찌는 듯이 더웠지만 쾌청한 날씨였다. 오전 7시에 미군 비행기 여러 대가 히로시마 상공에 날아들더니 몇 바퀴 선회한 후 폭격하지 않고 떠나갔다.

같은 날 정각 8시, 미군 제20항공대의 B-29 공중요새 2대가 고공에서 히로시마 상공에 진입했다. 많은 히로시마 시민들은 고개를 들고 구경하느라 방공호로 숨지 않았다.

8시 15분, 슈퍼공중요새 1대가 히로시마를 향해 세계 최초의 원자폭탄을 투하했다. 갑자기 눈부신 강렬한 백색 섬광이 일더니 히로시마 도심에는 곧 유례없는 대폭발이 일어났으며 고막을 찢는 굉음이 울렸다.

지면에서 순식간에 거대한 버섯 모양 구름이 솟아오르더니 금세 공중으로 떠올랐고 곧 어두운 구름이 도심을 뒤덮었다. 이어 지면에서 또다시 수백 개의 거대한 불기둥이 치솟으며 히로시마 전체가 초토화됐다.

당시 히로시마 인구는 34만 3천여 명이었는데, 원자폭탄이 폭발한 뒤 당일 사망자는 7만 8천여 명, 부상자 및 실종자는 5만 1천여 명이었다. 도시의 건축물은 총 7만 6천여 동이었는데, 완전히 파괴된 것은 4만 8천 동, 반 정도 파괴된 것은 2만 2천여 동이었다.

그날 오후, 히로시마에 있던 일본군 제2총사령부는 히로시마 폭격 상황을 구레 진을 통해
도쿄에 알렸다. "적들은 난생처음 보는 파괴력을 가진 고성능 신형 폭탄을 사용했다!"

8월 7일, 미국 공군이 또다시 도쿄에 대해 대규모 폭격을 가한 후, 트루먼은 방송을 통해
"포츠담에서 보낸 최후통첩은 일본 국민을 철저한 파멸에서 구해내기 위한 것이었다. 그
러나 일본 정부는 최후통첩을 거절했으며, 만약 아직도 우리의 조건을 받아들이지 않는다
면 그들의 파멸은 곧 공중에서 떨어질 것이다"라고 성명을 냈다.

미국 방송 이후, 일본 육해군 최고사령부는 히로시마와 구레 진에서 보내온 신형 폭탄의 위해성에 대한 비교적 상세한 보고를 받아보고 크게 놀랐으며, 도대체 어떤 신형 무기인지 알 수가 없었다.

8월 7일, 일본군 참모본부 제2부장 아리스에 세이조(友末精三) 중장을 위원장으로 하고 원자력 최고권위자인 니시나 요시오(仁科芳雄) 박사 등 관련 인원으로 구성된 조사위원회가 즉시 히로시마로 달려가 조사에 착수했다.

8일 오후, 니시나 요시오 일행은 히로시마에 도착해 폭격 상황을 둘러보았다. 직접 히로시마의 참상을 목격한 니시나는 미국이 투하한 신형 폭탄이 확실히 원자폭탄임을 확인하고 즉시 도쿄 최고사령부에 보고했다.

8일 오후, 일본 도고(東鄕) 외무 대신은 황궁 지하실에서 천황 히로히토를 알현하고 미국의 원자폭탄 사용 및 관련 사항을 보고했다. 히로히토는 직접 "적군이 신무기를 사용했으니 전쟁을 계속하는 것은 불가능하다. 유리한 조건을 얻어내기 위해서는 시기를 놓치지 말고 조속히 전쟁을 종결해야 한다고 스즈키 수상에게 전하게"라고 지시했다.

같은 날 밤 11시, 몰로토프 소련 외무장관은 사토 나오타케(佐藤尚武) 주소련 일본 대사를 만나 소련 대일 선전 포고 문서를 건네주고는 그 자리에서 소련이 8월 9일 0시부터 일본과 전쟁 상태가 됨을 선포했다.

9일 0시가 지나자마자 소련 붉은 군대 백만 대군이 각 방면에서 중국 동북쪽의 중·소 변경으로 돌진해 일본 관동군을 향해 전면 총공격을 개시했다.

9일 오전, 중국공산당 주석 마오쩌둥(毛澤東)은 옌안(延安)에서 '대일본 마지막 전투'란 성명을 발표해 전 국민에 전국적인 대반격을 전개할 것을 호소했다.

중국 인민해방군 총사령부 주더(朱德) 총사령관은 즉시 진군 명령을 내려 정규부대 및 일체 군사 무장 세력이 모두 일본군, 괴뢰군을 공격하도록 했다. 정면 전장에서도 광범위한 애국관병들이 함께 적극적으로 대일본 전투에 뛰어들었다.

같은 날 오전, 일본 최고전쟁지도위원회 지도자 6명은 황궁 지하 방공호에서 회의를 열고 '포츠담 선언'을 받아들일 것인지에 대해 의논했으나 의견 일치를 이루지 못했다.

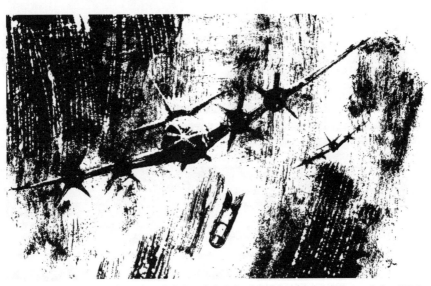

9일 오전 11시 30분, 일본 최고전쟁지도위원회가 여전히 논쟁을 벌이던 그 시각, 미국은 일본에게서 아무런 응답이 없자 또다시 비행기를 파견해 나가사키 상공에 두 번째 원자폭탄을 투하했다.

나가사키는 규슈 남부의 항구이자 공업도시로 전시 소개(疏開) 후 주민은 약 23만 명에 달했다. 우라카미 계곡의 영향과 당일 바람이 없었던 관계로 원자폭탄 폭발 후 파괴 정도가 비교적 가벼웠으나 도심의 피해는 여전히 엄청났다. 전체 공장의 70％가 파괴됐고, 당일 사망자는 3만 5천 명, 부상자는 6만 명, 실종자는 5천 명이었다.

미국의 원자폭탄 투하와 소련의 출병은 일본 제국주의의 괴멸을 가속화했다. 9일 밤 11시 50분, 일본 천황 히로히토는 어전 최고회의를 소집했다. 회의에서 내각 대신들은 여전히 이견이 분분했지만, 결국 히로히토 천황이 연합국에 항복하기로 결정했다.

10일 7시쯤, 일본 외무성은 주스웨덴 공사를 통해 스웨덴 정부에 일본이 '포츠담 선언'을 받아들이는 데 동의했음을 미·영·중·소 4국 정부에 통지해 줄 것을 요청했다. 그러나 통치 집단 내부에 아직 이견이 있고 일본 정부 또한 항복 조건을 협의하려는 목적으로 국내에는 이 결정을 공포하지 않았다.

하루빨리 일본의 무조건 항복을 받아내기 위해, 미국은 또 비행기를 파견해 일본 관동과 동북 지역을 무차별 폭격하고, 동시에 도쿄 등지에 일본 정부가 8월 10일 보내온 '포츠담 선언'을 받아들인다는 통지문과 연합국의 회신이 찍혀 있는 전단지를 대량으로 살포했다.

14일 오전 8시, 불안해진 일본 통치 집단은 기도(木戶) 내무 대신이 연합국 전단지를 가지고 히로히토 천황을 알현해 종전 수속 명령을 빨리 내려줄 것을 주청했고, 히로히토는 즉시 허락했다.

같은 날 오전 10시 50분, 히로히토 천황은 황궁 방공호 내에서 어전회의를 열고 조서를 내려 전체 국민과 군대에 '포츠담 선언'을 받아들이고 연합국에 무조건 항복한다는 것을 공개 선포하기로 결정했다.

8월 15일 정오, 천황 히로히토는 전국에 일본이 연합국의 '포츠담 선언'을 받아들이며 무조건 항복을 실행한다고 공개 방송했다.

완고하게 반대 입장을 고집하던 아나미(阿南) 육군 대신, 고노에 후미마로(近衛文麿) 전(前) 수상 등은 깊은 절망 속에서 연이어 자살했고, 1호 전범 도조 히데키(東條英機)는 자살 미수에 그쳤다(종전 후 국제법정에서 교수형에 처해졌다).

9월 2일 오전 9시, 도쿄 만에 정박한 미국 전함 미주리호에서 일본의 무조건 항복 조인식이 거행됐다. 시게미츠 마모루(重光葵) 일본 신임 외무 대신이 일본 천황과 정부를 대표하고, 우메즈 요시지로(梅津美治郎) 육군 총참모장이 제국 최고사령부를 대표해 항복문서에 조인했다.

이어 항복을 접수하는 연합국 대표인 연합군 최고사령관 맥아더 상장, 미국 대표 니미츠 해군 상장, 중국 대표 쉬융창(徐永昌) 상장, 영국 대표 프레이저 해군 상장, 소련 대표 데레 얀코 중장 그리고 오스트리아, 캐나다, 프랑스, 네덜란드, 뉴질랜드 등 국가의 대표들이 차례로 조인했다. 이렇게 제2차 세계대전은 연합국의 승리로 끝났다.

1940년대 초 제2차 세계대전은 더욱 격렬한 상황으로 치달았다. 독일 · 이탈리아 · 일본 파시즘 세력은 침략전쟁을 끊임없이 이어갔고, 동시에 전 세계의 평화를 사랑하는 세력과 전쟁에 시달리던 국가들은 반파시즘 동맹을 결성해 파시즘 침략자들과 어렵고 힘겨운 전투를 펼친 끝에 추축국을 물리치고 마침내 승리를 거두었다. 본 장에서는 제2차 세계대전 중 연합국의 승리와 추축국의 패망 과정을 종합적으로 정리했다.

글 · 천팅이(陳廷一)

그림 · 후샤오싱(胡曉幸)

그림으로 읽는 제2차 세계대전 ⑫

연합군의 승리와 추축국의 패망

추축국의 패망

3

제2차 세계대전은, 1940년대 초 독·이·일 파시즘 추축국의 광적인 침략전쟁이 계속 점령 지역을 넓혀감에 따라 전 세계 평화를 사랑하는 각국 국민들을 고난의 수렁에 빠뜨렸다. 이에 전쟁의 피해를 입은 국가들을 중심으로 반파시즘 동맹 수립이 가속화됐다.

1941년 12월 22일, 미국 워싱턴에서 열린 아르카디아 회담 기간에 루스벨트 미국 대통령과 처칠 영국 수상은 소련 정부와 교섭해 반파시즘 각국 공동선언 초안을 작성하고, 각국이 대독·이·일 작전에서 함께 행동할 것을 약속했다.

1942년 1월 1일, 소련, 미국, 영국, 중국 등 26개국은 워싱턴에서 "각국은 서로 지지하고 전력으로 협력하며 결코 독·이·일 파시즘과 단독으로 휴전하거나 강화하지 않을 것"을 내용으로 하는 '연합국 공동선언'에 서명했다. '선언'의 공포는 국제 반파시즘 통일전선의 형성을 의미한다.

하루빨리 독·이·일 파시즘을 무너뜨리기 위해 소·미·영 3국은 6월에 유럽 제2전장을 개척하기로 합의했다. 반파시즘 국가들이 협동 작전을 전개하면서 유럽 전장의 형세에는 근본적인 변화가 생겼다.

같은 해 8월, 히틀러는 150만 병력을 집결시켜 스탈린그라드에 맹공격을 퍼부었다. 소련 군민(軍民)은 반년간의 혈전을 통해 마침내 적군을 무찌르고 독일군 33만 명을 섬멸했으며, 히틀러는 이제까지의 전략적 공격을 전략적 방어로 바꾸게 됐다. 스탈린그라드 전투의 승리는 제2차 세계대전의 전환점이 됐다.

11월 8일, 연합국 북아프리카 원정군 총사령관 아이젠하워 상장이 미군을 거느리고 북아프리카에 상륙했다. 미·영 연합군은 모로코와 알제리에 상륙한 데 이어 튀니지를 공격해 독일·이탈리아군과 교전했다.

1943년 1월, 북아프리카 연합군은 승리를 눈앞에 두고 있었다. 처칠과 루스벨트는 북아프리카 모로코의 카사블랑카에서 회담을 갖고, 북아프리카 전역에서 승리를 거둔 후 곧바로 시칠리아에 상륙해 이탈리아를 공격하기로 결정했다. 회담이 끝나갈 무렵 드골 자유프랑스 지도자의 참석을 요청해 새롭게 통일된 프랑스 군대를 조직하기로 했다.

1943년 5월 12일, 미·영 연합군이 튀니지에서 독일 아프리카군단과 이탈리아군을 격파하고 독일·이탈리아군 총 25만 명을 포획하면서 북아프리카 전쟁은 승리로 끝이 났고 독일·이탈리아 파시즘 무장 역량은 치명적인 타격을 입었다.

미·영 연합군이 북아프리카를 점령한 후, 연합군 사령관 아이젠하워의 부사령관인 영국의 알렉산더 장군은 연합군을 거느리고 시칠리아 섬을 공격했다. 7월 10일, 연합군은 군함과 선박 3천2백 척에 미·영 병력 16만 명을 싣고, 비행기 1천 대의 엄호를 받으며, 각각 시칠리아 섬 양측에서 공격했으며 수륙 양면 상륙을 실시했다.

미·영 연합군은 시칠리아 섬 상륙에 성공한 후 진행이 순조롭게 이루어져, 7월 22일에는 시칠리아 북부 해안에 다다랐다. 이후 얼마 지나지 않아, 연합군은 시칠리아 섬을 점령해 이탈리아 본토를 공격할 수 있는 유리한 진지를 얻게 됐다. 이로써 독일·이탈리아·일본 추축국 중에서 이탈리아가 가장 먼저 멸망의 길에 접어들었다.

이탈리아는 군사적으로 연이어 실패한 데다 계속된 전쟁 때문에 국가 경제와 국민 생활이 극도로 피폐해졌으며, 병사들 사이에 전쟁을 혐오하는 의식이 팽배해지면서 반전 시위, 파업, 항의 시위가 끊임없이 이어졌다. 밀라노와 토리노에서는 13만 명이 참가한 대규모 파업사태가 벌어졌고, 이들은 이탈리아 정부에 전쟁을 그만두라고 요구했다.

이탈리아 시민의 반전 시위는 무솔리니 통치 세력을 뒤흔들어 그 내부 모순이 더욱 격화됐다. 그란디 의장, 드 보노 원수와 치아노 외무장관 등은 추밀원회의를 열어 무솔리니 정권을 뒤엎은 뒤 영·미와 강화 휴전을 맺기로 결정했다.

1943년 7월 23일 깊은 밤, 이탈리아 국왕이 주관한 로마 베니스 궁 추밀원회의에서 회의 참석자들은 너도나도 무솔리니를 비난했다. 그란디, 치아노 등은 무솔리니에게 권력 이양을 요구했고 군주입헌제를 회복시키기로 하는 제안이 통과됐다.

7월 25일, 빅토르 엠마누엘 국왕은 추밀원 결의에 따라 무솔리니를 접견하고 "당신의 직무는 지금부터 바돌리오 원수가 맡는다"라고 선언했다. 무솔리니는 순간 너무 놀라 말문이 막혀버렸고, 곧이어 국가 경찰에 의해 '안전 보호' 명목으로 연금됐다.

같은 날 저녁, 권력을 잡은 바돌리오가 내각을 조직했다. 이틀 후 무솔리니는 폰치아네 섬에 며칠 동안 구금됐다가, 해발 2천여m나 되는 아펜니노아브루체세 산맥의 그란사소 산지 캄포임페라토레에 수감됐다.

바돌리오는 정권을 잡은 후 즉시 일부 문무관원을 소집해 무당파(無黨派) 정부를 구성했다. 이탈리아 나치당은 해산되고 파시스트는 모두 해임됐다. 바돌리오 정부는 급히 베리오를 비롯한 대표단을 탕헤르에 보내 연합군과 휴전 교섭을 하도록 했다.

8월 중순, 루스벨트와 처칠은 캐나다 퀘벡에서 회담을 갖고 이탈리아의 휴전 조건을 논의한 후 아이젠하워 연합군 사령관에게 위임해 이탈리아의 항복을 접수하도록 했다.

이탈리아 신정부와 미·영은 항복 조건을 협상하던 중 빚어진 갈등으로 회담이 지연됐다. 독일의 로멜 장군은 이 틈을 타 부대를 동원해 이탈리아 북부를 점령했고, 케셀링 장군도 소속부대를 지휘해 재빨리 남부 이탈리아군을 무장 해제시킴으로써 독일군이 이탈리아 남북에서 협동 작전하는 국면을 형성했다.

이때 독일 첩보 조직이 무솔리니 수감 장소를 알아냈고, 슈투덴트 독일군 장성은 명을 받고 휘하의 모스 소령 및 스콜과 의논해 무솔리니 구출 작전인 '떡갈나무 작전'을 수립했다.

9월 21일, 모스와 스콜은 떡갈나무 작전에 따라 1개 돌격대대를 이끌고 납치해온 이탈리아 장군 1명과 함께 활공기 12대에 나누어 타고 무솔리니가 수감돼 있는 캄포임페라토레의 한 고층건물 앞에 착륙했다.

모스와 스콜은 이탈리아 장군을 인질로 내세워 재빨리 대대를 이끌고 건물 안에 뛰어들어 감금된 무솔리니를 구해 비행기로 철수했다.

이틀 후, 무솔리니는 동프로이센으로 가 히틀러를 만났고, 히틀러는 곧 그에게 나치 군대의 비호 아래 이탈리아 북부의 살로 성을 중심으로 소위 '이탈리아 사회공화국' 정권을 세우게 했다. 이후 무솔리니는 이곳에서 또 1년여 간 목숨을 부지했다.

9월 29일, 바돌리오 이탈리아 정부 수상은 아이젠하워와 몰타 섬에서 공동으로 군사, 정치, 경제 등 다방면에 걸친 항복 협정 '상세 조항'을 체결했다.

10월 13일, 바돌리오 정부는 정식으로 파시즘 추축국에서 탈퇴해 독일에 선전 포고했다. 미·영·소 3국은 즉시 이탈리아를 동맹국으로 승인했다. 이때부터 독일·이탈리아·일본 추축국 동맹은 점차 와해됐고 유럽전쟁은 독일 단독으로 치르게 됐다.

반파시즘 전쟁이 일대 전환기를 맞은 상황에서 미·영·소 3국 외무장관은 1943년 10월 모스크바에서 회의를 가졌으며, 회의가 끝날 무렵 중국 측의 참석을 요청해 '세계 평화와 안보에 관한 4국 공동선언'을 발표했고, 다른 관련 선언 몇 가지도 함께 통과시켰다. 중국 외무장관은 4개국 대표 중 한 명으로서 서명했다.

이후 얼마 지나지 않아, 미·영·중 3국 정상은 11월에 이집트 카이로에서 회담을 개최해 '미·영·중 카이로 선언'을 채택하고, 전쟁이 종결된 후 일본은 반드시 1914년 제1차 세계대전 이후 침점한 각국 영토를 반환해야 하며, 그 밖에 조선의 독립 등을 규정했다.

카이로 회담이 끝난 후, 미 · 영은 협동 작전으로 하루빨리 전쟁을 종결짓기 위해 루스벨트와 처칠이 직접 이란의 수도 테헤란으로 날아갔다. 11월 28일~12월 10일, 양국 정상은 테헤란에서 스탈린을 만나 연합군의 유럽 제2전장 개척 시기 및 소련과 연합군이 연합해 대일 전쟁을 치를 것 등 관련 문제에 대해 확정지었다.

테헤란 회담 후, 독일군은 연이어 전투에서 패했다. 1944년, 대서양 해전에서 영국군은 원정비행기, 항공모함 및 신기술 레이더를 장착한 전함으로 독일 군함을 습격했고, 독일 해군은 막대한 손실을 입고 황급히 대서양에서 철수했다.

연합군은 또 수백수천에 달하는 비행기를 출동시켜 독일 본토를 밤낮없이 폭격했다. 독일 제3제국은 남에서 북에 이르는 모든 도시가 거의 초토화됐고, 본토에서 현대 전쟁을 맛보게 된 독일 국민은 전쟁이 가져다준 재난을 온몸으로 느끼게 됐다.

독소 전장에서 소련군은 1944년 중반부터 연이어 10차례의 대규모 반격전을 전개해 독일군에 참패를 안겨주었는데, 이를 '10차례 타격'이라 한다. 연이은 반격으로 소련군은 빼앗겼던 자국 영토를 모두 탈환하고, 독일군 병력 손실은 약 2백만 명에 달했으며, 승세를 몰아 동유럽 각국으로 진격해 전선을 독일 본토로 밀어붙였다.

서부전선에서는 아이젠하워가 연합군을 이끌고 잉글랜드 남쪽 해안에서 영국 해협을 가로질러, 1944년 6월 6일, 프랑스 북부 노르망디에 성공적으로 상륙했으며, 곧장 기세를 몰아 유럽 제2전장을 개척했다. 연합군은 파죽지세로 프랑스 심장부까지 진격해 나갔다.

독일군은 동·서부 전선의 협공으로 사기가 크게 저하됐고, 미·영·프 연합군은 매 전투에서 승리를 거두었다. 8월 25일, 프랑스군은 연합군의 협조로 수도 파리를 수복했고, 프랑스군 제2사단 사단장 르클레르 장군은 독일군의 항복을 받아들였다. 자유프랑스 지도자 드골 장군이 곧이어 파리에 입성했다.

8월 30일, 프랑스는 드골을 수반으로 한 임시정부를 수립하고 영·미와 연합해 유럽 전장에서 독일과 전투를 벌였다. 얼마 지나지 않아 독일군은 프랑스 전선 전체에서 패해 물러났고 프랑스는 해방됐다.

독일군의 연이은 패배로 히틀러는 안팎으로 궁지에 몰리게 됐다. 이 기간 동안 연이어 약 50여 개국에서 독일과의 전쟁을 선포했고, 각 점령국 시민들은 무장봉기를 일으켜 소련군 및 연합군에 협력함으로써 독일 점령군은 급격히 힘을 잃어갔다.

동유럽에서 루마니아 시민 세력은 공산당의 지도 아래, 8월 23일 수도 부쿠레슈티 등지에서 대규모 무장봉기를 일으키고, 소련군의 공세에 협조해 독일에 부속된 안토네스쿠 나치 정권을 뒤엎었다. 이후 루마니아군은 소련군과 함께 루마니아를 해방하고 동시에 지원부대를 출동시켜 헝가리, 체코 해방 전쟁에 참가했다.

9월 8일, 소련군은 루마니아에서 불가리아 국경으로 진입했다. 9월 9일, 불가리아 국민 세력은 디미트로프의 지도와 소련군의 지원으로 수도 소피아를 점령하고, '조국전선' 정부를 수립했으며, '불가리아 시민에게 고함'을 발표해 대독일 선전 포고를 했다.

10월 20일, 티토가 지도하는 유고슬라비아 인민해방군은 소련군의 협조로 수도 베오그라드를 해방했다. 인민해방군은 계속 맹렬하게 전투를 치른 끝에 1945년 5월 15일부로 전체 유고슬라비아를 해방했다.

알바니아 국민은 엔베르 호자의 지도 아래 민족해방군을 조직해 유격전을 벌였다. 11월 17일, 민족해방군은 유리한 국제 정세에 힘입어 독일군에 총공세를 퍼부어 수도 티라나를 해방했으며, 11월 29일 알바니아 전국이 해방됐다.

같은 시기 폴란드, 체코슬로바키아, 헝가리 등 국가의 무장 세력도 소련군의 강력한 군사 지원으로 자국 국토를 해방했다. 이 밖에도 그리스, 핀란드, 노르웨이, 덴마크 등 국가가 독일 파시즘의 손아귀에서 벗어나 해방됐다.

서부전선에서 영 · 미 · 프 등 연합국 군대는 승세를 몰아 12월에 여러 방향에서 독일 경내로 진격했다. 독일 파시즘의 종말이 눈앞에 닥치면서 히틀러 집단의 내부 모순도 심화됐다. 베크 전(前) 독일군 참모장은 여섯 차례에 걸쳐 히틀러 암살을 계획했으나 모두 실패했다.

히틀러 암살 미수 사건이 벌어진 후 히틀러는 대대적으로 반역분자를 색출해 체포했는데, 베크는 자살하고 나머지 사람들은 모두 총살됐다. 이 사건으로 직접 죽은 이는 약 7백 명에 달하며, 그중에는 비츨레벤, 클루게, 로멜 등 이름난 원수들도 포함됐고, 이는 독일 자체의 역량을 크게 약화시켰다.

1945년 초, 동부전선에서 소련군은 세 갈래로 나누어 한 갈래는 곧장 오스트리아에 도착했고, 다른 두 갈래는 폴란드 · 독일 국경을 넘어 독일의 수도 베를린에 총부리를 겨눴다.

서부전선에서 미·영·프 군대는 독일 본토로 돌진해 라인 강변에 다다랐으며, 마침내 소련군과 연합군은 동·서·남 3면에서 베를린을 포위한 형세가 됐다.

1945년 2월 4~11일, 독일 파시즘의 파멸이 얼마 남지 않은 상황에서 미·영·소 3국 정상은 소련 크림 반도의 얄타에서 회담을 개최했다. 이 회담에서는 3국의 군사 행동과 독일에 무조건 항복의 각 조항 내용을 강제 이행시킬 것 그리고 베를린 분할 점령에 대한 문제를 논의했으며, 동시에 소련의 대일 작전 시기를 결정했다.

알타 회담 후, 미·영·소 3국 연합군은 동·서부 전선에서 각각 공격에 더욱 속도를 냈다. 서부전선 연합군은 3월 말에 라인 강을 건너 진격했다.

4월 12일, 루스벨트 미국 대통령이 병으로 타계하고 트루먼이 대통령 자리를 이어받았다. 4월 중순, 서부전선 연합군이 엘베 강으로 돌진해 선두부대가 라이프치히와 뉘른베르크 지역을 점령했다.

동부전선에서는 4월 중순부터 소련군이 독일군과 베를린 쟁탈전을 벌였다. 250만 소련군은 주코프 원수의 지휘 아래 오데르 강에서 베를린에 이르는 겹겹의 독일군 방어선을 맹공격해, 독일군 약 백만 명을 사상하고 '베를린 열쇠'로 불리는 제로프 고지를 점령함으로써 베를린으로 향하는 통로를 활짝 열어젖혔다.

소련군이 베를린으로 옥죄어 들어오자 히틀러는 총통 관저 지하실로 피신해 활동했다. 4월 20일, 그는 리벤트로프 외무장관, 괴링 공군 총사령관, 힘러 게슈타포 책임자 등과 함께 자신의 56세 생일 축하연을 가졌다. 회의에서 히틀러는 남북 사령부 수립을 결정하고 베를린에서 철수하기로 했다.

4월 21일, 소련군은 베를린 교외의 동쪽, 북쪽, 남쪽, 동남쪽에서 돌격해 왔고, 또한 베를린에서 가까운 엘베 강 서쪽 기슭의 토르가우 지역에서 미군과 합류했다.

그 시각, 괴링은 금은보화를 가득 실은 차량 행렬을 이끌고 독일 남부로 도주했으며, 25일 히틀러에게 영·미와 협상해 전쟁을 끝내기 위해 자신에게 제국의 모든 지도권을 넘겨달라는 내용의 전문을 보냈다.

동시에 힘러도 북부지역으로 도망쳐 히틀러 몰래 제국 지도자의 권력을 행사했다. 그는 베르나도트 스웨덴 적십자회 부회장을 통해 영·미와 단독으로 강화조약을 체결하고, 히틀러 정권을 뒤엎은 뒤 신정부를 조직해 서양에 항복하고 동부전선 전쟁만 끝까지 진행하려 했다.

영·미는 얄타 회담에서 결정한 내용에 따라 힘러의 일방적인 강화 요청을 거절하고, 히틀러에게 전문을 보내 모든 전선에서 일률적으로 항복할 것을 요구했다. 총통 관저 지하실에서 가장 충실했던 관료 둘의 배반 행위를 들은 히틀러는 대노한 나머지 베를린에 남아 끝까지 저항하기로 결심했다.

히틀러는 즉시 친위대 스타이너 장군에게 베를린을 사수하며 초토 작전을 실행할 것을 명령했다. 동시에 모든 병력을 전투에 투입시키고 움직이지 않는 병사는 그 자리에서 처단하라고 명령했다.

이즈음, 이탈리아에 있던 독일군도 알렉산더가 이끄는 연합군에 쫓겨 할 수 없이 이탈리아에서 철수했다. 유격대는 유리한 정세를 이용해 북부의 밀라노, 토리노 등 2백여 개 대소 도시를 해방했다. 무솔리니는 애인 클라라 페타치와 함께 철수하는 독일군에 끼어 국경을 벗어나려 했다.

4월 25일, 무솔리니는 독일군 사무장으로 변장하고 자동차 뒷좌석에 숨어 독일군 친위대의 보호 아래 밀라노에서 꼬모 호수로 도망한 후 다시 이곳에서 스위스로 넘어가 망명 생활을 하려 했으나, 4월 27일 국경 부근에서 유격대에 붙잡혔다.

4월 28일, 시민유격대는 이탈리아 민족해방위원회의 명령에 따라 무솔리니와 그의 동료들을 현지에서 총살하고, 그들의 시체를 밀라노 로레토 광장으로 싣고 가 거꾸로 매달아놓았다. 수일이 지나서야 무솔리니와 그의 애인은 밀라노 공동묘지에 묻혔다.

히틀러는 독일의 괴멸 및 자신의 수치스러운 결말을 직감했다. 4월 29일 새벽, 히틀러는 애인 에바 브라운과 간단한 결혼식을 올렸다. 그를 따르던 괴벨스 부부, 보어만 등 몇 안 되는 사람들이 결혼식에 참석했다.

결혼식이 끝난 후, 히틀러는 즉시 여비서를 불러 유서를 구술했다. 되니츠 해군 원수를 독일 국가 원수 겸 무장부대 총사령관으로 임명하는 동시에 괴벨스, 보어만 등을 신정부 성원으로 지정했다.

29일 당일, 히틀러는 지하실에서 소련군 주코프 원수가 지휘하는 제1벨라루스방면군이 베를린 시의 중심부로 진격해 들어왔다는 전황 보도와 함께 무솔리니의 수치스러운 종말 소식을 접하게 됐다.

30일 오후, 소련군이 국회의사당을 점령했다. 히틀러는 지하실의 침실에서 총으로 자살했고, 에바 브라운도 음독자살로 그의 옆에서 죽었다. 친위대 대원 몇 명이 둘의 시체를 총통관저 화원으로 옮겨가 휘발유를 부어 불태웠다.

5월 1일, 되니츠 독일 해군 원수는 히틀러의 유언에 따라 독일 수상에 취임했다. 5월 2일, 바이틀링 베를린 방위사령관이 수비군을 이끌고 소련군 주코프 원수에 항복했다. 5월 4일, 소련군은 베를린 전체를 점령했다.

5월 8일 한밤중, 되니츠 독일 신임 수상은 카이텔 원수를 필두로 한 대표단을 파견해 베를린 근교 템펠호프에서 연합국에 무조건 항복하고 항복서에 조인했다. 소련 대표 주코프 원수, 영국 대표 테드 공군 상장, 미국 대표 아이젠하워 육군 상장이 함께 자리했다.

곧이어 미 · 영 · 소 · 프 4국은 얄타 회담의 결정에 따라 독일을 분할 점령했는데, 동쪽은 소련이, 서북쪽은 영국이, 서남쪽은 미국이, 서쪽은 프랑스가 점령하고 베를린 역시 4개국이 분할 점령했다. 이후, 소련 점령구와 서양 3국 점령구는 각각 동 · 서 독일 정부를 수립했다.

독일 · 이탈리아 파시즘이 무너지고 일본의 파멸도 눈앞으로 다가왔다. 아시아 · 태평양 전장에서 연합군은 마리아나 제도와 필리핀 제도의 레이테 섬을 점령했으며, 미군 전략폭격기는 수시로 일본 각 대도시를 공습했고, 전쟁의 불길은 이미 일본 본토에까지 휘몰아쳤다.

중국 전장에서 일본군이 진행한 소위 '대륙 통로 작전'은 예상 목표에 도달하지 못했고, 오히려 중국은 정면 전장의 군대 및 중국공산당이 지도하는 항일 군대 모두 맹렬한 반격에 나섰다.

동시에 중국 원정군은 미·영 연합군과 함께 버마 작전구역에서도 반격을 계획해 연이은 승리를 거두었다. 동남아 각국 국민의 항일 무장 투쟁도 최고조에 달했고, 일본 침략군은 도처에서 궁지에 몰려 상황은 갈수록 나빠졌다. 6월 21일, 태평양 전장에서 연합군은 일본 본토 오키나와 섬을 점령했다.

7월 17일부터 미·영·소 3국 정상 스탈린, 트루먼, 처칠은 베를린 서남쪽 포츠담에서 10일간 회담을 개최했으며, 중국의 의견을 구했던 미·중·영 3국의 일본 항복을 촉구한 '포츠담 선언'을 제정해 발표했다. 7월 26일, 중국에서 파견한 대표가 '선언'의 서명식에 참가했다.

7월 28일, '포츠담 선언'은 미·중·영 3국이 공동 발표하는 방식으로 전 세계에 선포됐다. 8월 초, 소련도 정식으로 '포츠담 선언'에 서명함으로써 4개국의 대일 공동선언이 됐다.

'포츠담 선언'이 발표된 후, 연합군의 공세가 일본 본토에 몰아쳤다. 일본 파시즘은 여전히 실패를 인정하지 않고 본토에서 결사전을 치르려 했다. 이 기간 동안 연합군 비행기는 일본 대도시 상공에서 전단지 150만 장과 '선언문' 3만 장을 살포하는 동시에 공습 경고도 했다.

스즈키 간타로 일본 수상은 '포츠담 선언'에는 관심이 없으며 항복은 거절한다는 성명을 냈다. 이에 미국은 일본을 징벌하기로 결정하고, 공군 비행기를 파견해 일본 본토 각지의 비행장, 항구, 기차역, 배 등을 목표로 대규모 폭격과 포격을 실시했다.

8월 6일, 미국 공군은 일본 히로시마 상공에서 첫 번째 원자폭탄을 투하했다. 순식간에 버섯 모양 구름과 수백 개의 불기둥이 구름 위로 치솟았고 도시 전체는 검은 연기에 휩싸였다. 히로시마는 불바다가 됐으며 도시 주민 13만 명가량이 죽거나 부상을 당했다.

8월 8일, 몰로토프 소련 외무장관은 사토 나오타케 주소련 일본 대사를 만나 직접 소련의 대일본 선전 포고를 통고했고, 8월 9일부터 소련과 일본은 전쟁상태에 들어갔다.

8월 9일 동틀 무렵, 소련군은 각각 창춘(長春)·선양(瀋陽), 청더(承德)·진저우(錦州)·장자커우(張家口), 지린(吉林)·하얼빈(哈爾濱), 하얼빈·치치하얼(齊齊哈爾) 등 네 방향에서 공격을 개시했다. 동시에 소련 태평양함대도 조선 북부와 남사할린 섬, 쿠릴 열도에 상륙해 협동 작전을 펼쳤다.

8월 9일, 미국은 또다시 일본 나가사키에 두 번째 원자폭탄을 투하해 도시 전체가 심각하게 파괴됐고 사상자는 약 10만 명에 달했다. 이즈음 일본은 장기간의 전쟁으로 인해 자원 공급이 끊기고 국민경제는 거의 마비상태가 됐으며 식량이 부족해 국민들은 전쟁을 극도로 혐오하게 됐다.

같은 날, 마오쩌둥은 '대일본 마지막 전투'라는 호소문을 발표했고, 주더 총사령관은 중국 공산당이 지도하는 팔로군, 신사군 및 2백만 민병, 기타 부대에 둥베이(東北), 핑진(平津), 핑한(平漢), 룽하이(隴海), 지난(濟南), 후닝(滬寧), 어위완(鄂豫皖), 화난(華南) 등지에서 일본 침략군을 향해 전면 반격을 펼칠 것을 명령했다.

나가사키가 폭격을 맞던 날, 스즈키 수상은 요나이 해군 대신, 도고 시게노리 외무장관, 아나미 고레지카 육군 대신, 우메즈 요시지로 총참모장, 도요타 소에무 해군 군령부장이 참석한 일본 황궁 지하실 회의에서 항복 문제에 대해 논의했다.

하루 종일 논쟁을 벌였지만 의견 일치에 도달하지 못했다. 8월 14일, 히로히토 천황이 어전회의를 열고 계속 전쟁하는 것은 민족의 파멸을 의미하는 것이며, 세계 평화를 회복하고 국가의 고난을 해결할 수 있는 유일한 방법은 전쟁을 끝내는 것이라고 설명했다. 그날 저녁, 히로히토는 곧 '전쟁종결조서'를 발포했다.

8월 15일, 일본 천황이 직접 '전쟁종결조서'를 공개 방송하면서 안하무인이던 일본 파시즘은 정식으로 전 세계에 무조건 항복을 선포했다. 동아시아, 남아시아, 동남아시아, 태평양 제도에 분산돼 있던 330만 일본군도 공격을 멈추고 연이어 연합군에 항복했다.

그날 오후, 스즈키 수상이 사직하고 일본 천황은 항복 내각으로 히가시쿠니노미야(東久邇) 친왕을 선택했으며, 히가시쿠니노미야가 수상 겸 육군 대신, 시게미츠 마모루가 외무장관에 임명돼 연합군의 지시를 받아 항복 사무를 처리했다.

아나미 원(原) 수상은 대세가 완전히 기운 것을 보고 정의의 재판을 피하고자 할복자살했다. 고노에 후미마로 전(前) 수상, 고이즈미 내각 대신과 일부 장성들도 아나미를 따라 권총 또는 음독자살로 목숨을 끊었다.

연합군 총사령부는 8월 13일에 이미 제정된 '총(總)명령 제1호'를 각 연합국에 전하는 동시에 일본 정부에도 통지해, 일본군이 총명령에 지정한 지역에서 각각 항복 사무를 처리할 것을 요구했다.

제1호 명령은 타이완과 북위 16도 이북의 인도차이나 지역을 포함한 중국 지역은 중국 작전구역 최고사령부에서 항복받고, 중국 동북, 북위 38도 이북의 조선과 사할린 섬 지역은 소련군 극동 최고사령부에서 항복받는 것으로 규정했다.

동남아, 북위 16도 이남의 인도차이나와 버마에서 솔로몬 제도 사이 지역은 동남아 연합군 최고사령부와 오스트레일리아군 사령관이 항복받고, 일본, 필리핀, 조선 북위 38도 이남 지역 및 태평양 기타 지역은 미국 태평양 최고사령부에서 항복받는 것으로 규정했다.

1호 명령에 대해 소련은 전체 쿠릴 열도 및 홋카이도 북반부를 소련 항복 접수 지역으로 수정해줄 것을 요구했다. 미국이 반대를 표했으나, 8월 18일, 소련군은 쿠릴 열도 및 구나시리 섬, 에토로후도에 상륙하는 동시에 출병해 원래 일본의 땅인 홋카이도의 시코탄 섬과 하보마이 섬을 점령했다.

8월 18일, 야마다 오토조(山田乙三) 일본 관동군 총사령관이 극동 소련군 사령부에 항복했으며, 8월 말 중국 동북과 조선 북부의 일본군도 모두 무장 해제했다. 일본이 세운 동북 위만주국 정권도 철저히 무너져 일본의 동북에 대한 14년간의 식민 통치가 끝나게 됐다.

맥아더 태평양 미군 총사령관이 일본 본토 연합군 점령군 총사령관에 임명됐다. 8월 28일, 미군 선두부대가 도쿄 인근 비행장에 착륙했고, 곧이어 미·영 연합군이 기타 지역에도 상륙해 일본에 군정(軍政)을 실시했다.

9월 2일, 일본의 항복 의식이 도쿄 만에 정박된 미군 전함 미주리호에서 거행됐다. 시게미츠 마모루 일본 외무장관과 우메즈 일본군 총참모장은 연합국 대표 앞에서 항복 협정에 조인했다. 맥아더는 연합군 점령군 총사령관의 신분으로 조인했다.

일본이 항복 의식을 거행하고 6일이 지난 후 맥아더가 도쿄에 도착해 고발당한 일본 전범 40명을 체포했다.

9월 9일, 일본 중국 침략 파견군 총사령관 오카무라 야스지(岡村寧次) 대장이 난징(南京) 황푸루(黃埔路) 중국 육군 총사령부 소재지에서 일본군을 대표해 항복서에 조인했다. 중국 국민이 8년간 이어온 힘겨웠던 항일 투쟁이 최후의 승리를 거두었다.

이어 인도차이나 북위 16도 이남의 일본군이 영국군 사령관 마운트배튼에 항복하고, 이북의 일본군은 중국군에 항복했다. 9월 20일, 베트남 노동당 지도자 호치민이 하노이의 바딘 광장에서 50만 명이 참가한 집회를 열고, 전 세계에 베트남민주공화국이 수립됐음을 선포했다.

9월 21일, 프랑스군이 영국의 지지 아래 베트남 남방으로 되돌아가 사이공을 점령하고 남방 정권을 수립했다. 얼마 뒤 중국은 북베트남에 주둔하고 있던 모든 군대를 철수했다. 이때부터 베트남은 남북 2개 정권으로 나뉘었다.

미군과 소련군은 조선의 '38선'을 경계로 각각 일본의 항복을 받아냈다. 9월 8일, 미군은 인천에 상륙해 경성(서울)에 진주했으며 3일째 되는 날 이승만을 '남측 대표'로 인정했다. 또한 김일성을 필두로 한 조선노동당도 평양에서 정부를 수립했다. 이때부터 조선은 남북 2개 정권의 국면이 형성됐다.

제2차 세계대전은 6년간 이어졌으며 일부 지역에서는 14년간 지속됐다. 20억 이상의 인구가 전쟁에 휘말려들었고, 정확한 수치는 통계할 수 없지만 5천만 내지 6천만이 목숨을 잃었다. 세계 각국은 유례없는 길고 힘겨운 전쟁을 겪어야 했으며, 실로 엄청난 대가를 치르고서야 마침내 오랫동안의 반파시즘 전쟁에서 위대한 승리를 거둘 수 있었다.

제2차 세계대전이 끝난 후, 연합국은 곧 국제군사법정을 조직해 각각 독일 · 이탈리아 · 일본 파시즘 전범을 심판했다. 그들은 각자의 응당한 처벌을 받았고 수치스러운 종말을 고했다.